CINCO PÃES
E
DOIS PEIXES

FRANÇOIS-XAVIER NGUYEN VAN THUAN

CINCO PÃES
E
DOIS PEIXES

*Do sofrimento do cárcere:
um alegre testemunho de fé*

EDITORA
SANTUÁRIO

Título original: *Cinque pani e due pesci*
— *Dalla sofferenza del carcere una gioiosa testimonianza di fede*
© Edizioni San Paolo, Milano, 1997
ISBN 88-215-3512-6

Ilustrações: *Dario Rivarossa*

Tradução de Pe. João Batista Boaventura Leite, C.Ss.R.

Dados Internacionais de Catalogação na Publicação (CIP)
(Câmara Brasileira do Livro, SP, Brasil)

Thuan, François-Xavier Nguyen Van
    Cinco pães e dois peixes: do sofrimento do cárcere: um alegre testemunho de fé / François-Xavier Nguyen Van Thuan; [tradução de João Batista Boaventura Leite]. — Aparecida, SP: Editora Santuário, 2000.

    Título original: Cinque pani e due pesci.
    ISBN 85-7200-660-5

    1. Espiritualidade 2. Testemunhos (Cristianismo) 3. Thuan, François-Xavier Nguyen Van 4. Vida cristã I. Título II. Série.

00-0175   CDD-248.5

Índices para catálogo sistemático:

1. Testemunhos de fé: Cristianismo 248.5

25ª impressão

Todos os direitos em língua portuguesa
reservados à **EDITORA SANTUÁRIO** — 2024

Rua Pe. Claro Monteiro, 342 – 12570-045 – Aparecida-SP
Tel.: 12 3104-2000 – Televendas: 0800 - 0 16 00 04
www.editorasantuario.com.br
vendas@editorasantuario.com.br

Prefácio

Caríssimos jovens,
Contemplar um belíssimo panorama, colinas verdes e o mar azul de ondas brancas, me faz pensar em Jesus no meio da multidão. Olhando-os no rosto, com os olhos de Jesus, lhes digo de todo o coração: "Jovens, eu os amo! I love you!"
Quero inspirar-me no evangelho de São João, capítulo 6, para lhes falar hoje. Levantem-se, ouçam a palavra de Jesus:

"Jesus, levantou os olhos e viu muita gente que vinha a ele, e disse a Filipe: 'Onde poderemos comprar pão para matar a fome desses?'. Isso dizia para prová-los; ele bem sabia o que ia fazer. Respondeu-lhe Filipe: 'Duzentos denários de pão não são suficientes para dar um pedacinho a cada um'. Disse-lhe um de seus discípulos, André, irmão de Simão Pedro: 'Há aqui um rapazinho que tem cinco pães de cevada e dois peixes. Mas o que é isso para tanta gente?'. Disse Jesus: 'Fazei-os assentar-se!'. Havia muita relva naquele lugar.

Assentaram-se os homens, cerca de cinco mil. Jesus pegou o pão e deu graças, distribuiu-o a cada um que estava assentado. Igualmente o fez com os peixes, a quantos quiseram" (Jo 6,5-11).

A caminho do Jubileu do ano 2000, procuramos saber quem é Jesus, por que o amamos, como deixar-se amar por Jesus, até segui-lo no radicalismo de nossas escolhas, sem pensar na longuidão do percurso, no cansaço da marcha sob um sol de verão, na ausência de todo conforto?

O Santo Padre escreveu: "Em comunhão com todo o povo de Deus que caminha para o grande Jubileu do ano 2000, quero convidá-los neste ano a fixarem o olhar em Jesus, mediante as palavras registradas no evangelho de João: 'Mestre, onde moras?' 'Vinde e vede' (Jo 1,38-39)" (*Mensagem para a XII Jornada Mundial da Juventude*, 1997).

Como jovem, sacerdote, bispo, percorri já uma parte do caminho, às voltas com a alegria, às voltas com o sofrimento, na prisão, mas sempre levando no coração uma esperança transbordante.

Ficava embaraçado quando solicitado a contar minha experiência no seguimento de Jesus. Não é belo falar de si mesmo. Recordo-me de que, em um de seus escritos, o saudoso cardeal Suenens pediu a Verônica: "Deixa-me falar de sua vida somente hoje, por que antes não o aceitou?". "Porque agora entendo que a minha vida não pertence a mim, mas totalmente a Deus. Deus pode dispor dela como quiser para o bem das almas." João Paulo II condensou bem esse pensamento no título de sua autobiografia: *Dom e mistério, como Maria o fez no Magnificat.*

Então, caríssimos jovens, faço como no trecho do evangelho em que Jesus oferece cinco pães e dois peixes. Não é nada em comparação a uma multidão de milhares de pessoas, mas é tudo o que tem, e Jesus deles faz tudo: dom e mistério. Como o rapaz no trecho do evangelho, resumo minha experiência em sete pontos: 5 pães e 2 peixes. É nada mas é tudo o que tenho. Jesus fará o resto.

Mais vezes sofro interiormente porque a "mass media" quer fazer-me contar coisas sensacionalistas, acusar, denunciar, provocar a luta, a vingança... Esse não é o meu objetivo. O meu maior desejo é transmitir-lhes a minha mensagem de *amor*, na serenidade e na verdade, no perdão e na reconciliação. Quero compartilhar com vocês as minhas experiências: como encontrei Jesus em todos os momentos de minha existência cotidiana, no discernimento entre Deus e as obras de Deus, na oração, na eucaristia, nos meus irmãos e nas minhas irmãs, na Virgem Maria, guia de meu caminho. Ao mesmo tempo quero gritar: "Vivamos o testamento de Jesus! Atravessemos o limiar da esperança!"

Roma, 2 de fevereiro de 1997
Festa da Purificação de Maria

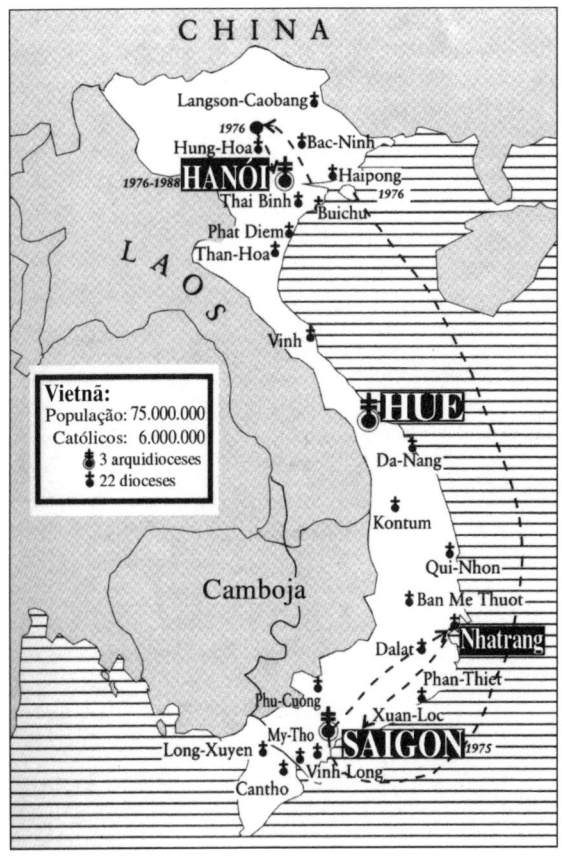

François-Xavier Nguyen Van Thuan, bispo de Nhatrang de 1967 a 1975, arcebispo-coadjutor de Saigon em 1975. No mesmo ano, foi preso em Saigon a 15 de agosto e detido nos cárceres de Saigon, Nhatrang, Saigon, Haipong (dezembro de 1976), Vinh Phu (dezembro de 1976), Hanói (1977-1988). É libertado a 21 de novembro de 1988.

1

Primeiro pão:
Viver o momento presente

> "É ao longo dos trilhos da existência cotidiana que podem encontrar o Senhor!...
> Esta é a fundamental dimensão do encontro: não é com qualquer coisa, mas com Alguém, com o 'Vivente.'"
> (João Paulo II, *Mensagem para a XII Jornada Mundial da Juventude*, 1997, n. 1)

Meu nome é Francisco Xavier Nguyen Van Thuan e sou vietnamita, mas na Tanzânia e na Nigéria os jovens me chamam "uncle Francis". Assim é mais simples chamar-me tio Francisco, ou melhor, só Francisco.

Até 23 de abril de 1975 fui, por 8 anos, bispo de Nhatrang, no centro do Vietnã, primeira diocese que me foi confiada, onde me sentia feliz, e pela qual conservo a minha predileção. Em 23 de abril de 1975, Paulo VI me promoveu a arcebispo-coadjutor de Saigon. Quando os comunistas chegaram a Saigon, me disseram que essa nomeação era fruto de um complô entre o Vaticano e os imperialistas, para organizar a luta contra o regime comunista. Três meses depois, fui chamado ao palácio presidencial para ser preso: era o dia da Assunção da Santíssima Virgem, 15 de agosto de 1975.

Naquela noite, numa longa estrada de 450 km que leva ao lugar de minha residência obrigatória, tantos pensamentos confusos vieram à minha mente: tristeza, abandono, cansaço, depois de 3 meses de tensão... Mas em minha mente surgiu clara uma palavra que dispersou toda a escuridão, a palavra que monsenhor John Walsh, bispo missionário na China, pronunciou quando foi libertado depois de 12 anos de prisão: "Passei metade de minha vida a esperar". É bem verdade: todos os presos, eu também, esperam a cada minuto sua libertação. Mas depois decidi: "Não esperarei. Vivo o momento presente, enchendo-o com amor".

Não é uma inspiração repentina, mas uma convicção que amadureci durante toda a vida. Se passo o meu tempo a esperar, talvez as coisas que espero não aconteçam mais. A única coisa que certamente acontecerá é a morte.

Na aldeia de Cây-Vông, que me foi indicada como residência obrigatória, sob a vigilância aberta e oculta da polícia "confundida" no meio do povo, noite e dia sentia a obsessão pelo pensamento: Povo meu! Povo meu que amo tanto: rebanho sem pastor! Como posso entrar em contato com meu povo, exatamente no momento em que precisa mais de seu pastor? As livrarias católicas foram confiscadas, as escolas fechadas; as freiras, os religiosos ligados ao ensino vão trabalhar nas lavouras de arroz. A separação é um choque que destrói o meu coração.

"Não esperarei. Vivo o momento presente, cheio de amor. Mas como?"

Numa noite vem uma luz: "Francisco, é muito simples; faça como São Paulo quando estava preso: escrevia cartas a várias comunidades". Na manhã seguinte, em outubro de 1975, fiz sinal a uma criança de 7 anos, Quang, que voltava da missa às 5, ainda no escuro: "Diga a sua mãe para comprar velhos blocos de calendário". Tarde da noite, de novo no escuro, Quang me trouxe os calendários, e em todas as noites de outubro e de novembro de 1975 escrevia a meu povo minha mensagem do cativeiro. Todas as manhãs o menino vinha recolher as folhas para levá-las a sua casa, e fazer recopiar a mensagem por seus irmãos. Assim foi escrito o livro *O caminho da esperança*, publicado em 8 línguas: vietnamita, inglês, francês, italiano, alemão, espanhol, coreano, chinês.

A graça de Deus me deu a energia para trabalhar e continuar até nos momentos mais desesperados. Escrevi o livro à noite, em um mês e meio, porque tinha medo de não poder terminá-lo: temia ser transferido para um outro lugar. Quando cheguei ao número 1.001 decidi encerrar: são como as "mil e uma noites"...

Em 1980, na residência obrigatória em Giang-xá, no Vietnã do Norte, escrevia, sempre de noite, e em segredo, o meu segundo livro, *O caminho da esperança à luz da Palavra de Deus e do Concílio Vaticano II*, depois o meu terceiro livro, *Os peregrinos do caminho da esperança*:

"Não esperarei. Vivo o momento presente, enchendo-o de amor".

Os apóstolos queriam escolher o caminho fácil: "Senhor, deixa a multidão partir para que possa encontrar o alimento...". Mas Jesus quer agir no momento presente: "Deem vocês mesmos a eles o alimento" (Lc 9,13). Na cruz quando o ladrão lhe disse: "Jesus, lembra-te de mim quando estiveres no teu reino". Ele respondeu: "Ainda hoje estarás comigo no paraíso" (Lc 23,42-43). Na palavra "hoje" sentimos todo o perdão, todo o amor de Jesus.

Padre Maximiliano Kolbe vivia esse radicalismo, quando repetia a seus noviços: "Tudo, absolutamente, sem condição". Ouvi Dom Helder Câmara dizer: "A vida é para aprender a amar". Uma vez, Madre Teresa de Calcutá me escreveu: "O importante não é o número de ações que fazemos, mas a intensidade do amor que colocamos em toda ação".

Como atingir essa intensidade de amor no momento presente? Penso que devo viver cada dia como o último de minha vida. Deixar tudo que é acessório, concentrar-me somente no essencial. Cada palavra, cada gesto, cada telefonema, cada decisão é a coisa mais bela de minha vida, reservo a todos o meu amor, o meu sorriso; tenho medo de perder um segundo, vivendo sem sentido...

Escrevi no livro *O Caminho da esperança*: "Para ti, o momento mais belo é o momento presente (cf. Mt 6,34; Tg 4,13-15). Vive-o plenamente no amor de Deus. A tua vida será maravilhosamente bela se for como um cristal formado de milhões de tais momentos. Vê como é fácil?" (*ibidem*, n. 997).

Caríssimos jovens, no momento presente Jesus precisa de vocês. João Paulo II os chama, insistentemente, a enfrentar os desafios do mundo de hoje: "Vivemos em uma época de grandes transformações, na qual desabam rapidamente ideologias que pareciam dever resistir ao longo do tempo, e no planeta se vão redesenhando limites e fronteiras. A humanidade encontra-se muito incerta, confusa e preocupada (Mt 9,36), mas a palavra de Deus não desaba: percorre a história e, na mudança dos acontecimentos, permanece estável e luminosa (Mt 24,35). A fé da Igreja é fundada sobre Jesus Cristo, único salvador do mundo: ontem, hoje e sempre (Hb 13,8)" (João Paulo II, *Mensagem para a XII Jornada Mundial da Juventude*, 1997, n. 2).

Oração

NA PRISÃO, POR CRISTO

*Jesus,
onde à tarde, festa da Assunção de Maria,
fui detido.
Transportado durante a noite de Saigon
para Nhatrang,
quatrocentos e cinquenta quilômetros
de distância entre dois policiais,
comecei a experiência de uma vida
de encarcerado.
Quantos sentimentos confusos
na minha cabeça:
tristeza, medo, tensão,
meu coração dilacerado
por estar distanciado de meu povo.
Humilhado, recordo a palavra
da Sagrada Escritura:
"Foi contado entre os malfeitores
— et cum iniquis deputatus est" (Lc 22,37).
Atravessei de carro as minhas três dioceses,
Saigon, Phanthiet, Nhatrang:
com tanto amor a meus fiéis,
mas nenhum deles sabia que o seu Pastor
estava passando
pela primeira etapa de sua via-sacra.*

*Mas neste mar de extrema amargura,
sinto-me mais do que nunca livre.
Não tenho ninguém comigo,
nem uma moeda, só o meu rosário
e a companhia de Jesus e de Maria.
Na estrada do aprisionamento rezei:
"Meus Deus e meu tudo".
Jesus,
enfim posso dizer como São Paulo:
"Eu Francisco, por causa de Cristo,
estou na prisão
— ego Franciscus, vinctus Jesu Christi
pro vobis" (Ef 3,1).
Na escuridão da noite,
no meio deste oceano de ansiedade,
de pesadelo,
pouco a pouco me desperto:
"Devo enfrentar a realidade".
"Estou preso,
se espero o momento oportuno
para fazer alguma coisa
verdadeiramente grande,
quantas vezes na vida se apresentarão
semelhantes ocasiões?
Não, agarro as ocasiões que
se apresentam a cada dia,
para realizar ações ordinárias
de modo extraordinário."*

*Jesus,
não esperarei, vivo o momento presente,
enchendo-o com amor.
A linha reta é feita de milhões de pequenos
pontos unidos um ao outro.
Também a minha vida é feita de milhões de
segundos e de minutos unidos um ao outro.
Coloco em ordem cada ponto
e a linha será reta.
Vivo com perfeição cada minuto
e a vida será santa.
O caminho da esperança é calçado
de pequenos passos de esperança.
Como tu, Jesus, que fizeste sempre
o que agrada a teu Pai.
A cada minuto quero dizer-te:
Jesus, eu te amo,
a minha vida é sempre uma
"nova e eterna aliança" contigo.
A cada minuto quero cantar
com toda a Igreja:
Glória ao Pai, ao Filho
e ao Espírito Santo...*

Residência obrigatória
em Cây-Vông (Nhatrang, Vietnã central),
16 de agosto de 1975,
dia seguinte ao da Assunção de Maria.

2

Segundo pão: Discernir entre Deus e as obras de Deus

> "É verdade, Jesus é um amigo exigente que indica altas metas... Derrubem as barreiras da superficialidade e do medo, reconhecendo-se como homens e mulheres 'novos.'"
> (João Paulo II, *Mensagem para a XII Jornada Mundial da Juventude*, 1997, n. 3)

Quando eu era estudante em Roma, uma pessoa me disse: "A tua qualidade maior é ser 'dinâmico', o teu defeito maior é ser 'agressivo'". Em todo caso sou muito ativo, sou um batedor, capelão dos *Rover*, é um estímulo que me impele todos os dias: correr contra o relógio, devo fazer tudo que me é possível para confirmar e desenvolver a Igreja na minha diocese de Nhatrang, antes que venham tempos difíceis, quando estaremos sob o comunismo!

Aumentar o número de seminaristas maiores, de 42 a 147, em 8 anos; de 200 seminaristas menores para 500 em 4 seminários; formação permanente de padres de 6 dioceses da Igreja metropolitana de Hue; desenvolver e intensificar a formação de novos movimentos de jovens, de leigos e de conselhos pastorais... Amo muito a minha primeira diocese, Nhatrang.

E eis que devo deixar tudo para ir logo a Saigon, por ordem do Papa Paulo VI, sem ter a oportunidade de dizer adeus a todos aqueles com os quais estive unido pelo mesmo ideal, pela mesma determinação, na partilha das provações como das alegrias.

Naquela noite, quando gravei minha última saudação à diocese, foi a única vez em 8 anos que chorei, e chorei amargamente!

Depois as tribulações em Saigon, a detenção; fui reconduzido diretamente a minha primeira diocese de Nhatrang, na prisão mais dura, mais afastada de meu bispado. De manhã e à tarde, na obscuridade de minha cela, escuto os sinos da catedral, onde passei 8 anos, a me dilacerar o coração. À noite escuto as ondas do mar em frente à minha cela.

Depois no porão de um navio que leva 1.500 presos famintos, desesperados. E no campo de reeducação, de Viñh-Quang, no meio de outros prisioneiros tristes e doentes, na montanha.

Sobretudo, a longa tribulação de 9 anos no isolamento, sozinho com dois guardas, uma tortura mental, no vazio absoluto, sem trabalho, caminhando dentro da cela de manhã às nove e meia da noite para não ser destruído pela artrose, no limite da loucura.

Mais vezes sou tentado, atormentado pelo fato de que tenho 48 anos, idade da maturidade. Trabalhei 8 anos como bispo, adquiri muita experiência pastoral, e eis que estou isolado, inativo, separado de meu povo, a 1.700 quilômetros de distância!

Numa noite, das profundezas de meu coração senti uma voz que sugeria: "Por que te atormentas assim? Deves distinguir entre Deus e as obras de Deus. Tudo o que realizaste e desejas continuar a fazer: visitas pastorais, formação dos seminaristas, religiosos, religiosas, leigos, jovens, construção de escolas, lares para estudantes, missões para evangelização de não cristãos... tudo isso é um trabalho excelente, são obras de Deus mas não são Deus! Se Deus quiser que abandones todas essas obras colocando-as em suas mãos, faze-o logo e tem confiança nele. Deus o fará infinitamente melhor do que tu. Confiará suas obras a outros que são muito mais capazes que tu. Escolheste somente Deus, não suas obras!"

Estava sempre preparado para fazer a vontade de Deus. Mas essa luz me traz uma força nova que muda totalmente o meu modo de pensar e me ajuda a superar momentos fisicamente quase impossíveis.

Às vezes um programa bem desenvolvido deve ser deixado incompleto; algumas atividades iniciadas com muito entusiasmo encontram dificuldades; missões de alto nível rebaixadas a atividades menores. Talvez estejas perturbado e desanimado. Mas o Senhor chamou-me a seguir a ele ou a esta iniciativa ou àquela pessoa? Deixa o Senhor agir: ele resolverá tudo para melhor.

Enquanto me encontro na prisão de Phú-Khánh, em uma cela sem janela, um calor asfixiante, sufocante, sinto a minha lucidez diminuir pouco a pouco até a inconsciência. Às vezes a luz continua acesa noite e dia, às vezes é sempre escuridão. Há tanta umidade que os fungos crescem sobre a minha cama. Na escuridão vi um buraco debaixo do muro (para fazer escorrer a água). Por isso passei mais de cem dias agachado com o nariz colado naquele buraco para respirar. Quando chove, sobe o nível da água; pequenos insetos, pequenas rãs, minhocas e centopeias vêm do lado de fora. Deixo-os entrar, pois não tenho mais forças para afastá-las.

Escolher Deus e não as obras de Deus: Deus me quer aqui e não em outro lugar.

Quando os comunistas me carregaram para o porão do navio Hâi-Phòng com outros 1.500 prisioneiros, para sermos transportados para o norte, vendo o desespero, o ódio, o desejo de vingança no rosto dos presos, compartilho o seu sofrimento, mas de repente esta voz me torna a dizer: "Escolhe Deus e não as obras de Deus", e digo para mim: "Sem dúvida, Senhor, aqui é minha catedral, aqui é o povo de Deus que tu me deste para cuidar. Devo assegurar a presença de Deus no meio desses irmãos desesperados, miseráveis. E tua vontade portanto é a minha escolha".

Chegando à montanha de Viñh-Phú, no campo de reeducação, onde estão 250 prisioneiros, a maior parte não católicos, esta voz me diz de novo: "Escolhe Deus e não as obras de Deus". "Sim, Senhor, tu me mandas aqui para ser o teu amor no meio de meus irmãos, na fome, no frio, no trabalho cansativo, na humilhação, na injustiça. Escolho-te, a tua vontade, sou o teu missionário aqui."

Desde esse momento, uma nova paz enche meu coração, e permanece comigo 13 anos. Sinto a minha debilidade humana, renovo esta escolha frente às situações difíceis, e a paz não me faltou mais.

Quando declaro: "Por Deus e pela Igreja", fico silencioso na presença de Deus e a mim pergunto honestamente: "Senhor, trabalho somente por ti? És sempre o motivo essencial de tudo aquilo que faço? Vou envergonhar-me em admitir que há outros motivos mais fortes".

Escolher Deus e não as obras de Deus.

É uma escolha bela, mas difícil. João Paulo II vos interpela: "Caríssimos jovens, como os primeiros discípulos, sigam Jesus! Não tenham medo de aproximar-se dele... Não tenham medo da 'vida nova' que ele lhes oferece: ele mesmo lhes dá a possibilidade de acolhê-la e de colocá-la em prática, com a ajuda de sua graça e o dom de seu espírito" (*Mensagem para a XII Jornada Mundial da Juventude*, 1997, n. 3).

João Paulo II encoraja os jovens mostrando-lhes o exemplo de Santa Teresinha do Menino Jesus: "Percorram com ela a via humilde e simples da maturidade cristã, na escola do evangelho. Fiquem com ela no 'coração' da Igreja, vivendo radicalmente a escolha por Cristo" (*Mensagem para a XII Jornada Mundial da Juventude*, 1997, n. 9).

O rapazinho do evangelho fez essa escolha, oferecendo tudo: 5 pães e 2 peixes nas mãos de Jesus, com confiança. Jesus fez "as obras de Deus", dando de comer a 5.000 homens, além de mulheres e crianças.

Oração

DEUS E A SUA OBRA

Por causa de teu amor infinito,
Senhor,
me chamaste a seguir-te,
a ser teu filho e teu discípulo.

Depois me confiaste uma missão
que não se assemelha a nenhuma outra,
mas com o mesmo objetivo das outras:
ser teu apóstolo e testemunha.

Todavia, a experiência me ensinou
que continuo a confundir
as duas realidades:
Deus e a sua obra.

Deus me deu a realização de suas obras.
Algumas sublimes,
outras mais modestas;
algumas nobres,
outras mais comuns.

Empenhado na pastoral paroquial,
entre os jovens,
nas escolas,

*entre os artistas e os operários,
no mundo da imprensa,
da televisão e do rádio,
coloquei todo o meu ardor
empregando todas as capacidades.
Não poupei nada,
nem mesmo a vida.*

*Quando assim apaixonadamente
mergulhei na ação,
encontrei a desconfiança,
a ingratidão,
a recusa em colaborar,
a incompreensão dos amigos,
a falta de apoio dos superiores,
a doença e a enfermidade,
a falta de meios...*

*Igualmente me chegou, em pleno sucesso,
enquanto era objeto de aprovação,
de elogios e de apego por todos,
ser repentinamente deslocado
e mudado de função.
Eis-me, então, preso pelo atordoamento
vou às apalpadelas,
como na noite escura.*

*Por que, Senhor, me abandonas?
Não quero desertar a tua obra.*

Devo terminar tua tarefa,
ultimar a construção da Igreja...

Por que os homens atacam a tua obra?
Por que a privam de seu sustento?

Diante de teu altar, perto da Eucaristia,
senti a tua resposta, Senhor:
"Sou eu aquele que segues
e não minhas obras!
Se o quero entregarei a tarefa
a mim confiada.
Pouco importa quem assumirá o teu posto;
é assunto meu.
Deves escolher a mim!"

Do isolamento em Hanói (Vietnã do Norte),
11 de fevereiro de 1985,
Memória da Aparição da Imaculada em Lourdes.

3

Terceiro pão:
Um ponto firme, a oração

> "Saibam escutar no silêncio da oração a resposta de Jesus: 'Vinde e vede.'"
> (João Paulo II, *Mensagem para a XII Jornada Mundial da Juventude*, 1997, n. 2)

Depois de minha libertação, muitas pessoas me disseram: "Padre, o senhor teve muito tempo para rezar na prisão". Não é assim simples como podem pensar. O Senhor me permitiu experimentar toda a minha fraqueza, minha fragilidade física e mental. O tempo passa lentamente na prisão, em particular durante o isolamento. Imaginem uma semana, um mês, dois meses de silêncio... São terrivelmente longos, mas quando se transformam em anos, tornam-se uma eternidade. Um provérbio vietnamita diz: "Um dia na prisão é como mil outonos fora". Ali houve dias em que, reduzido ao maior cansaço, à doença, não consegui rezar uma oração!

Vem-me à lembrança uma história, a do velho Jim. Todo dia às 12h, Jim entrava na igreja, não mais do que dois minutos, depois saía. O sacristão era muito curioso e um dia deteve Jim e lhe perguntou:

— Por que vem aqui todos os dias?
— Venho para rezar.
— Impossível! Que oração você pode dizer em dois minutos?
— Sou um velho ignorante, rezo a Deus do meu jeito.
— Mas que coisa você diz?
— Digo: Jesus, eis-me aqui, sou o Jim. E me vou.

Passam os anos. Jim, sempre mais velho, doente, entra no hospital, na enfermaria dos pobres. Logo parece que Jim vai morrer. O padre e a freira enfermeira estão perto de sua cama.

— Jim, diga uma coisa: por que desde que você entrou nesta enfermaria, tudo mudou para melhor, e o pessoal ficou mais contente, feliz e amigo?

— Não sei. Quando posso caminhar, vou aqui e ali, visitando todos, saúdo todos, converso um pouco. Quando estou na cama, chamo todos, faço todos rir, faço todos felizes. Com o Jim todos estão sempre felizes.

— Mas por que você é feliz?

— Vocês, quando recebem uma visita todos os dias, não se sentem felizes?

— Certamente. Mas quem vem visitar você? Nunca vimos ninguém.

— Quando entrei nesta enfermaria pedi duas cadeiras: uma para você, outra para o meu visitante, não veem?

— Quem é o seu visitante?

— É Jesus. Antes ia à igreja visitá-lo, agora não posso mais. Então às 12h Jesus vem.

— E que coisa lhe diz Jesus?

— Diz: Jim, eis-me aqui, sou Jesus!...

Antes de morrer o vimos sorrir e fazer um gesto com a mão em direção à cadeira próxima à sua cama, convidando alguém a assentar-se. Sorriu de novo e fechou os olhos.

Quando as forças me faltam e não consigo nem mesmo recitar minha oração, repito: "Jesus, eis-me aqui, sou Francisco". Vêm alegria e consolação, e experimento que Jesus responde: "Francisco, eis-me aqui, sou Jesus".

Vocês me perguntam: quais suas orações preferidas?

Sinceramente, amo muito as orações breves e simples do evangelho:

"Não há mais vinho!" (Jo 2,3).

"*Magnificat...*" (Lc 1,46-55).
"Pai, perdoa-lhes..." (Lc 23,34).
"*In manus tuas* (em tuas mãos)..." (Lc 23,46).
"*Ut sint unum* (que sejam um)... tu, Pai, estás em mim..." (Jo 17,21).
"*Miserere mei peccatoris* (Ó Deus, tem piedade de mim, pecador)" (Lc 18,13).
"Lembra-te de mim quando estiveres no paraíso" (Lc 23,42-43).

No cárcere não pude levar comigo a Bíblia. Então ajuntei todos os pedacinhos de carta que encontrei e fiz uma minúscula agenda, na qual transcrevi mais de 300 frases do evangelho. Este evangelho reconstruído e reencontrado ficou sendo o meu vade-mécum cotidiano, o meu escrínio precioso para obter força e alimento através da *lectio divina*.

Amo rezar toda a palavra de Deus: orações litúrgicas, salmos, cânticos. Amo muito o canto gregoriano, que recordo em grande parte de memória. Graças à formação do seminário, esses cânticos litúrgicos entraram profundamente no meu coração! Depois as orações em minha língua nativa, que toda família reza à noite na capela da família, tão comoventes que lembram a primeira infância. Principalmente as três *Ave-Marias* e o

Memorare (Lembrai-vos), que minha mãe me ensinava a rezar de manhã e à tarde.

Como disse, fiquei 9 anos no isolamento, isto é, somente com dois guardas. Para evitar doenças, devido à imobilidade, como a artrose, caminhava o dia todo fazendo massagens, exercícios físicos etc., rezando cânticos como *Miserere, Te Deum, Veni Creator* e o hino dos mártires *Sanctorum meritis*. Inspirados na palavra de Deus, esses cânticos me comunicam uma grande coragem para seguir a Jesus. Para apreciar essas belíssimas orações, foi necessário experimentar a obscuridade do cárcere e tomar consciência do fato que nossos sofrimentos são oferecidos pela fidelidade à Igreja. Essa unidade com Jesus, na comunhão com o Santo Padre e toda a Igreja, sinto-a de modo irresistível quando repito durante o dia: *"Per ipsum et cum ipso et in ipso (Por ele, com ele e nele)..."*.

Vem à minha mente uma oração muito simples de um comunista, é verdade, que primeiro era um espião, mas que depois se tornou meu amigo. Antes da libertação me prometeu: "A minha casa fica a 3 quilômetros do santuário de Nossa Senhora de Lavang. Irei até lá rezar por você". Acreditei em sua amizade, mas duvidei que um comunista fosse rezar a

Nossa Senhora. Eis que um dia, talvez 6 anos depois, enquanto estava no isolamento, recebi uma carta dele! Escrevia: "Caro amigo, prometi ir rezar a Nossa Senhora de Lavang por você. Faço-o todos os domingos, se não chove. Pego minha bicicleta quando escuto tocar o sino. A basílica foi inteiramente destruída pelo bombardeio, então vou ao monumento da aparição que permanece ainda intacto. Rezo por você assim: Senhora, não sou cristão, não conheço as orações, peço-te dar ao senhor Thuan o que ele deseja". Fiquei comovido no profundo de meu coração. Certamente Nossa Senhora o escutará.

No evangelho de João que estamos meditando, antes de realizar o milagre, antes de alimentar o povo faminto, Jesus rezou. Jesus quer ensinar-me: antes do trabalho pastoral, social, caritativo, é preciso rezar.

João Paulo II nos diz: "Conversem com Jesus na oração e na escuta da Palavra; saboreiem a alegria da reconciliação no sacramento da penitência; recebam o Corpo e o Sangue de Cristo na eucaristia... Descubram a verdade sobre vocês mesmos, a unidade interior e encontrarão aquele 'Alguém' que cura angústias, pesadelos e aquele subjetivismo selvagem que não dá a paz" (*Mensagem para a XII Jornada Mundial da Juventude*, 1997, n. 3).

Oração

BREVES ORAÇÕES EVANGÉLICAS

*Penso, Senhor, que tu me deste
um modelo de oração.
Para dizer a verdade,
me deixaste somente um:
o Pai-nosso.
É breve, conciso e denso.*

*A tua vida, Senhor, é uma oração,
sincera e simples,
voltada para o Pai.
Aconteceu que a tua oração fosse longa,
sem fórmulas feitas,
como a oração sacerdotal
depois a Ceia:
ardente e espontânea.*

Mas habitualmente, Jesus, a Virgem, os apóstolos usaram orações breves, mas muito belas que eles associavam a sua vida cotidiana. Eu que sou fraco e tíbio, amo estas breves orações diante do Tabernáculo, na escrivaninha, pela estrada, sozinho. Quanto mais as repito, mais me sinto penetrado. Sou vizinho de ti, Senhor.

*Pai, perdoa-lhes,
porque não sabem aquilo que fazem.*

Pai, que sejam uma só coisa.

Sou a serva do Senhor.

Não há mais vinho.

Eis o teu filho, eis a tua mãe!

*Lembra-te de mim,
quando estiveres em teu Reino.*

Senhor, o que queres que eu faça?

*Senhor, tu sabes tudo,
Tu sabes que te amo.*

*Senhor, tem piedade de mim,
pobre pecador.*

*Meu Deus, meu Deus,
por que me abandonastes?*

Todas essas breves orações, ligadas uma à outra, formam uma vida de oração. Como uma cadeia de gestos discretos, de olhares, de palavras íntimas formam uma vida de amor. Elas nos conservam em um ambiente de oração sem distorções do dever presente, mas ajudando-nos a santificar todas as coisas.

> No isolamento em Hanói (Vietnã do Norte),
> 25 de março de 1987,
> Festa da Anunciação.

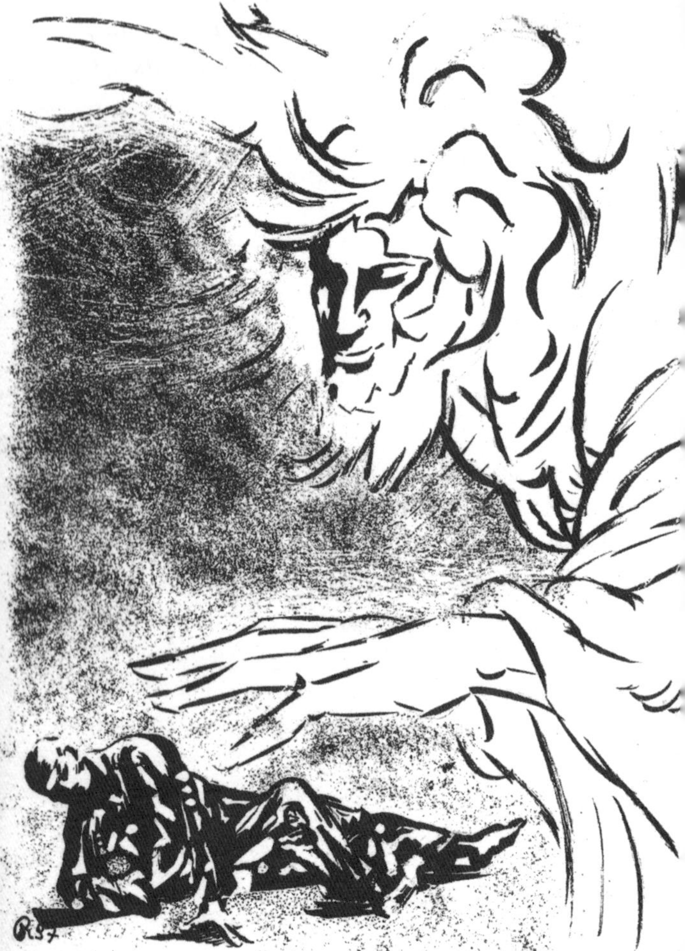

4

Quarto pão:
Minha única força, a eucaristia

> "Ao redor da mesa eucarística se realiza e se manifesta a harmoniosa unidade da Igreja, mistério de comunhão missionária, na qual todos se sentem filhos e irmãos."
> (João Paulo II, *Mensagem para a XII Jornada Mundial da Juventude*, 1997, n. 7)

"Você pôde celebrar a missa na prisão?", é a pergunta que muitos me fazem na maioria das vezes. E têm razão: a eucaristia é a mais bela oração, é a culminância da vida de Jesus. Quando respondo: "sim", logo surge a pergunta seguinte: "Como pôde encontrar o pão e o vinho?"

Quando fui preso, tive de viajar logo, de mãos vazias. No dia seguinte me foi permitido escrever para arranjar as coisas mais necessárias: roupas, dentifrício... Escrevi a meu destinatário: "Por favor, mande-me um pouco de vinho, como remédio contra o mal de estômago". Os fiéis compreendem o que significa: mandam-me uma pequena garrafa de vinho de missa, com o rótulo "remédio contra o mal de estômago", e hóstias escondidas em um frasco contra a umidade. A polícia me perguntou:

— Você tem mal de estômago?
— Sim.
— Aqui está um pouco de remédio para você.

Não poderei nunca exprimir a minha grande alegria: todos os dias, com três gotas de vinho e uma gota de água na palma da mão, celebro a minha missa.

De qualquer maneira, dependia da situação. No navio que nos levava para o norte, celebrei durante a noite e, avisados, os presos estavam em torno de mim. Às vezes tenho de celebrar quando todos vão tomar banho depois da ginástica. No campo de reeducação estávamos divididos em grupos de 50 pessoas: dormíamos em cama comum, cada um com direito a 50 cm. Demos um jeito de tal modo que havia cinco católicos comigo. Às 21h30min era preciso apagar a luz e todos deviam dormir. Inclino-me sobre a cama para celebrar a missa, de cor, e distribuo a comunhão, passando a mão debaixo do mosquiteiro. Fabricávamos saquinhos com o papel dos maços de cigarros, para conservar o Santíssimo Sacramento. Jesus eucarístico está sempre comigo no bolso da camisa.

Lembro-me de que escrevi: "Crê em uma só força: a eucaristia, o Corpo e o Sangue do Senhor que te dará a vida. 'Vim para que tenham a vida e a tenham em abundância' (Jo 10,10). Como o maná alimentou os israelitas em sua viagem para a Terra Prometida, assim a Eucaristia te alimentará em teu caminho da esperança" (cf. Jo 6,50) (*O caminho da esperança*, n. 983).

Toda semana há uma sessão de doutrinação, da qual todo o campo deve participar. No momento do intervalo, com os meus companheiros católicos, aproveitamos para passar um pacotinho a cada um dos outros quatro grupos de prisioneiros: todos sabem que Jesus está no meio deles, é ele que cuida dos sofrimentos físicos e mentais. À noite, os prisioneiros se revezam nos turnos de adoração. Jesus eucarístico ajuda de modo tremendo com a sua presença silenciosa. Muitos cristãos retornam ao fervor da fé durante aqueles dias. Até budistas e outros não cristãos se convertem. A força do amor de Jesus é irreversível. A obscuridade do cárcere se ilumina, a semente germinou da terra durante a tempestade.

Ofereço a missa unido ao Senhor: quando distribuo a comunhão entrego-me juntamente ao Senhor para fazer de mim alimento para todos. Isso significa que estou totalmente a serviço dos outros.

Todas as vezes que ofereço a missa tenho a oportunidade de estender as mãos e de me pregar na cruz com Jesus, de beber com ele o cálice amargo.

Todos os dias, lendo e ouvindo as palavras da consagração, confirmo de todo o coração e com toda a alma um novo pacto, um pacto eterno entre mim e Jesus, mediante o seu Sangue misturado ao meu (1Cor 11, 23-25).

Jesus na cruz iniciou uma revolução. A revolução de vocês deve começar na mesa eucarística e daí ser levada para a frente. Assim vocês poderão renovar a humanidade.

Passei 9 anos no isolamento. Durante esse período celebro a missa todos os dias pelas 3 horas da tarde: a hora de Jesus agonizante na cruz. Estou só, posso cantar a minha missa como quero, em latim, francês, vietnamita... levo comigo o saquinho que contém o Santíssimo Sacramento: "Tu em mim e eu em ti".

São as mais belas missas de minha vida.

À noite, de 21 às 22 horas, faço uma hora de adoração, canto *Lauda Sion*, *Pange lingua*, *Adoro Te*, *Te Deum* e cânticos em língua vietnamita, apesar do barulho do alto-falante que dura das 5 da manhã às 23h30min. Sinto uma paz singular de espírito e de coração, e a alegria, a serenidade da companhia de Jesus e de Maria e de José. Canto *Salve, Regina*; *Salve, Mater*; *Regina coeli*... em unidade com a Igreja universal. Apesar das acusações, calúnias contra a Igreja, canto *Tu es Petrus*, *Oremus pro Pontifice nostro*, *Christus vincit*... Como Jesus matou a fome da multidão que o seguia no deserto, na eucaristia é ele mesmo que continua sendo alimento de vida eterna.

Na eucaristia anunciamos a morte de Jesus e proclamamos a sua ressurreição. Há momentos de tristeza infinita, o que fazer? Olho para Jesus crucificado e abandonado sobre a cruz. Aos olhos humanos, a vida de Jesus foi um fracasso, inútil e frustrada, mas aos olhos de Deus, na cruz Jesus realizou a ação mais importante de sua vida porque derramou o seu sangue para salvar o mundo. Quanto Jesus está unido a Deus quando, na cruz, não pôde mais pregar, curar os enfermos, visitar as pessoas, fazer milagres, mas permaneceu na imobilidade absoluta!

Jesus é o meu primeiro exemplo de radicalismo no amor pelo Pai e pelas almas. Jesus deu tudo: *"In finem dilexit"*: amou-os até o fim (Jo 13,1), até ao *"Consummatum est"*: tudo está consumado (Jo 19,30). E o Pai amou tanto o mundo *"ut Filium suum unigenitum traderet"*: que entregou o Filho unigênito (Jo 3,16). Dar tudo de si como um pão para ser comido *"pro mundi vita"*: para a vida do mundo (Jo 6,51).

Jesus disse: *"Misereor super turbam"*: tenho compaixão do povo (Mt 15,32). A multiplicação do pão é um anúncio, um sinal da eucaristia que Jesus instituirá dentre em pouco.

Caríssimos jovens, escutem o Santo Padre: "Jesus vive no meio de nós na eucaristia... entre as incertezas e as distrações da vida cotidiana, imitem os discípulos no caminho de Emaús... Invoquem Jesus, porque ao longo dos caminhos de tantos Emaús de nossos tempos, ele permanece sempre com vocês. Seja a sua força, ele é o ponto de referência de vocês, a sua perene esperança" (João Paulo II, *Mensagem para a XII Jornada Mundial da Juventude*, 1997, n. 7).

Oração

PRESENTE E PASSADO

*Jesus amantíssimo,
nesta noite, no fundo de minha cela
sem luz, sem janela, quentíssima,
penso com intensa nostalgia
na minha vida pastoral.*

*Oito anos de bispo, nesta residência,
somente a dois quilômetros de minha
cela de prisão,
na mesma estrada, na mesma praia...
Sinto as ondas do Pacífico,
os sinos da catedral.*

— Já celebrei com patena e cálice dourados,
agora, com teu sangue na palma de
minha mão.

— Já percorri o mundo
para conferências e reuniões,
agora estou recluso numa cela estreita,
sem janela.

— Já fui visitar-te no tabernáculo,
agora levo-te, dia e noite, comigo em um
bolso.

— *Já celebrei a missa diante de milhares
de fiéis,
agora na escuridão da noite, passando
a comunhão debaixo do mosquiteiro.*

— *Já preguei os exercícios espirituais
aos padres, aos religiosos, aos leigos...
agora um padre, também ele prisioneiro,
me prega os
Exercícios de santo Inácio através
da greta de madeira.*

— *Já dei a bênção solene com o Santíssimo
na catedral,
agora faço a adoração eucarística
todas as noites às 21 horas, no silêncio,
cantando baixinho o "Tantum Ergo",
a "Salve, Rainha", e concluindo com
esta breve oração: "Senhor, estou
contente em aceitar tudo de tuas mãos,
todas as tristezas, os sofrimentos, as
angústias, até a minha morte.
Amém".*

*Sou feliz aqui nesta cela,
sobre a esteira de palha mofada crescem
fungos brancos,
porque tu estás comigo,
porque tu queres que eu viva aqui contigo.*

Falei muito em minha vida,
agora não falo mais.
É a tua vez, Jesus, de falar-me.
Escuto-te: que coisa me sussurraste?
É um sonho?
Tu não me falas do passado, do presente,
não me falas de meu sofrimento, angústia...
Tu me falas de teus projetos,
de minha missão.

Então eu canto a tua misericórdia,
na obscuridade, na minha fragilidade,
no meu aniquilamento.

Aceito a minha cruz
e cravo-a, com minhas duas mãos,
em meu coração.

Se me permitisses escolher, não mudaria
porque tu estás comigo!
Não tenho mais medo, entendi,
te sigo em tua paixão
e em tua ressurreição.

No isolamento,
prisão de Phú Khánh (Vietnã central),
7 de outubro de 1976,
Festa do Santo Rosário.

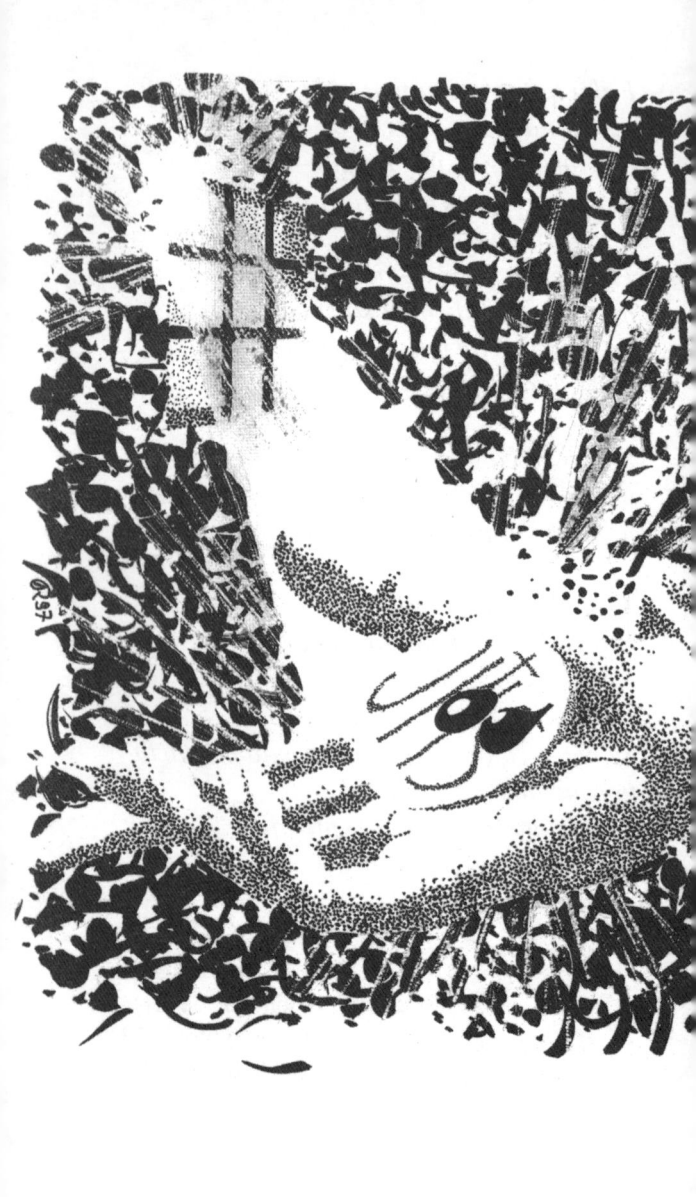

5

Quinto pão:
Amar até a unidade
o testamento de Jesus

> "Caríssimos jovens, vocês são chamados a ser testemunhas verídicas do evangelho de Cristo, que faz novas todas as coisas... Tenham amor uns aos outros."
> (João Paulo II, *Mensagem para a XII Jornada Mundial da Juventude*, 1997, n. 8)

Numa noite em que estou doente, na prisão de Phú Khánh, vejo passar um policial e grito: "Por caridade, estou muito doente, me dê um pouco de remédio!". Ele responde: "Aqui não há caridade nem amor, somente responsabilidade".

Essa é a atmosfera que respiramos na prisão.

Quando fui colocado no isolamento, fui confiado a um grupo de cinco guardas: dois deles estão sempre comigo. Os chefes os mudam de duas em duas semanas com os de outro grupo, para que não sejam "contaminados" por mim. Depois decidiram não mudar mais, pois de outra forma todos ficariam contaminados!

No início, os guardas não falavam comigo, respondiam somente "yes" e "no". É muito triste; quero ser gentil, cortês com eles, mas é impossível, evitam falar comigo. Não tenho nada para lhes dar de presente: sou prisioneiro, todas as roupas são marcadas com grandes letras "cai-tao", isto é, "campo de reeducação". Que devo fazer?

Uma noite, me vem um pensamento: "Francisco, tu és ainda muito rico. Tens o amor de Cristo em teu coração. Ama-os como Jesus te ama". No dia seguinte comecei a amá-los, a amar Jesus neles, sorrindo, trocando palavras gentis. Começo a contar histórias de minhas viagens ao exterior, como vivem os povos na América, Canadá, Japão, Filipinas, Cingapura, França, Alemanha... a economia, a liberdade, a tecnologia. Isso estimulou a curiosidade dos guardas, e os excitou a perguntar-me muitas outras coisas. Pouco a pouco nos tornamos amigos. Querem aprender línguas estrangeiras, francês, inglês... Os meus guardas se tornam meus alunos! A atmosfera da prisão mudou muito. A qualidade de nosso relacionamento melhorou muito.

Até com os chefes da polícia. Quando viram a sinceridade de meu relacionamento com os guardas, não só pediram para continuar a ajudá-los no estudo de línguas estrangeiras, mas ainda me mandaram novos estudantes.

Um dia um cabo me pergunta:

— "O que você pensa do jornal 'O católico'?"

— Este jornal não fez bem nem aos católicos e nem ao governo, antes alargou o fosso de separação.

— Porque se expressa mal; usam mal os vocábulos religiosos e falam de maneira ofensiva. Como remediar essa situação?

— Primeiro, é preciso entender exatamente o que significa tal palavra, tal terminologia religiosa...

— Você pode ajudar-nos?

— Sim, proponho-lhes escrever um vocabulário de linguagem religiosa de A a Z. Quando vocês tiverem um momento livre, lhes explicarei. Espero que assim possam compreender melhor a estrutura, a história, o desenvolvimento da Igreja, as suas atividades...

Deram-me papel, e escrevi esse vocabulário de 1.500 palavras, em francês, inglês, italiano, latim, espanhol, chinês, com explicações em vietnamita. Assim, pouco a pouco, com a explicação, minhas respostas às perguntas sobre a Igreja, e aceitando também as críticas, esse documento se torna "uma catequese prática". Há muita curiosidade por saber o que é um abade, um patriarca; qual a diferença entre ortodoxos, católicos, anglicanos, luteranos; de onde provêm os recursos financeiros da Santa Sé...

Esse diálogo sistemático de A a Z ajuda a corrigir muitas confusões, muitas ideias preconceituosas; torna-se dia a dia mais interessante, até mesmo fascinante.

Naquela época ouvi que um grupo de 20 jovens da polícia estudava latim com um ex-catequista, para estar em condições de entender os documentos eclesiásticos. Um de meus guardas pertence a esse grupo. Um dia me pergunta se posso ensinar-lhe um cântico em latim.

— São tantos e tão belos, respondi-lhe.
— Você canta e eu escolho, propôs.

Cantei a *Salve, Regina*, *Veni Creator*, *Ave maris stella*... Podem adivinhar que canto escolheu? O *Veni Creator*.

Não posso dizer quanto é comovente escutar todas as manhãs um policial comunista descendo pela escada de madeira, pelas 7 horas, para fazer ginástica, e depois lavar-se, cantando o *Veni Creator* na prisão.

Quando há amor, sentem-se a alegria e a paz, porque Jesus está no meio de nós: "Veste uma só camisa e fala uma única linguagem: a caridade" (*O caminho da esperança*, n. 984).

Na montanha de Viñh Phú, na prisão de Viñh Quang, num dia de chuva tive de cortar lenha. Perguntei ao guarda:

— Posso-lhe pedir um favor?

— O que é? Eu o ajudarei.

— Queria cortar um pedaço de madeira em forma de cruz.

— Você não sabe que é severamente proibido ter qualquer símbolo religioso?

— Eu sei. Mas somos amigos, e prometo escondê-la.

— Seria extremamente perigoso para nós dois.

— Feche os olhos, farei agora e serei muito cauteloso. Você vai andando e me deixe só.

Talhei a cruz e a conservei escondida num pedaço de sabão até a minha libertação. Com uma moldura de metal, esse pedaço de madeira tornou-se minha cruz peitoral.

Em outra prisão pedi um pedaço de fio elétrico a meu guarda, que já se tornara meu amigo. Ele se espantou:

— Estudei na escola de polícia que, se alguém quer um fio elétrico, significa que quer suicidar-se.

Expliquei:

— Os sacerdotes católicos não cometem suicídio.

— Mas que coisa quer fazer com um fio elétrico?

— Queria fazer uma correntinha para levar a minha cruz.

— Como pode fazer uma corrente com um fio elétrico? É impossível!

— Se você me trouxer duas pequenas tenazes, eu mostrarei.

— É muito perigoso!

— Mas somos amigos!

Hesitou, depois disse:

— Responderei dentro de três dias.

Depois de três dias, me disse:

— É difícil recusar qualquer coisa a você. Pensei assim: nesta noite vou trazer duas pequenas tenazes, das 7 às 11, e nesse tempo devemos terminar esse trabalho. Vou deixar meu companheiro ir a "Hanoi by night". Se ele nos visse, surgiria uma denúncia perigosa para nós ambos.

Cortamos o fio elétrico em pedaços do tamanho de um fósforo, o moldamos... e a corrente ficou pronta antes das 11 horas da noite.

Aquela cruz e aquela corrente levo comigo todos os dias, não porque são lembranças da prisão, mas porque indicam minha convicção profunda, uma constante exigência para mim: só o amor cristão pode mudar os corações, nem as armas, nem as ameaças, nem a mídia.

Foi muito difícil para meus guardas entender como se pode perdoar, amar os nossos inimigos, reconciliar-se com eles.

— Você nos ama verdadeiramente?

— Sim, os amo sinceramente.

— Mesmo quando lhe fazemos mal? Quando sofre por estar em prisão por tantos anos injustamente?

— Pense nos anos em que vivemos juntos. Amei-os realmente!

— Quando você estiver livre, não mandará os seus para nos fazer mal, a nós e a nossas famílias?

— Não, continuarei a amá-los, mesmo se quiserem matar-me.

— Mas por quê?

— Porque Jesus me ensinou a amá-los. Se não o faço, não sou mais digno de ser chamado cristão.

Não há tempo suficiente para contar-lhes outras histórias muito comoventes, que são testemunhos da força libertadora do amor de Jesus.

No evangelho, Jesus vendo a multidão, que o havia seguido por três dias, disse: "*Misereor super turbam*": tenho compaixão do povo (Mt 15,32), "são como rebanho sem pastor" (cf. Mc 6,34)... Nos momentos mais dramáticos, na prisão, quando já estava quase desfalecido, sem força para rezar, meditar, procurei uma maneira para retomar o essencial de minha pregação, da mensagem de Jesus, e usei esta frase: "Vivo o testamento de Jesus". Isto é, amar os outros como Jesus me amou, no perdão, na misericórdia, em direção à unidade, como ele rezou: "Que todos sejam um como tu, Pai, estás em mim e eu em ti" (Jo 17,21). Rezei muito: "Vivo o testamento de amor de Jesus". Quero ser o rapaz que ofereceu tudo o que tinha. Era nada: cinco pães e dois peixes, mas era "tudo" o que ele tinha, para ser "instrumento" do amor de Jesus.

Caríssimos jovens, o Papa João Paulo II manda-lhes sua mensagem: "Encontrarão Jesus lá onde os homens sofrem e esperam: nas pequenas aldeias, disseminados pelos continentes, aparentemente à margem da história, como Nazaré então; nas imensas metrópoles, onde milhões de seres humanos vivem como estranhos. Jesus mora no meio de vocês... sua imagem é a dos pobres, dos marginalizados, vítimas frequentemente do injusto modelo de desenvolvimento, que coloca o lucro em primeiro lugar e faz dos homens um meio em vez de um fim... Jesus mora entre todos que o invocam sem tê-lo conhecido. Jesus mora entre os homens e as mulheres 'honrados com o nome de cristão', mas no limiar do terceiro milênio torna-se cada vez mais urgente o dever de reparar o escândalo da divisão entre os cristãos" (*Mensagem para a XII Jornada Mundial da Juventude*, 1997, n. 5).

O maior erro é não reparar que os outros são também o Cristo. Há muitas pessoas que só vão descobrir isso no último dia.

Jesus ficou abandonado na cruz e o é ainda em todo irmão e irmã que sofre em qualquer canto do mundo. A caridade não tem fronteiras. Se há fronteiras não existe mais caridade.

CONSAGRAÇÃO

Pai de imenso amor e onipotente, fonte de minha esperança e de minha alegria.

1. *"Tudo que é meu é teu" (Lc 15,31). "Pedi e vos será dado" (Mt 7,7).*
Pai, creio firmemente: o teu amor nos ultrapassa infinitamente. Como pode o amor de teus filhos competir com o teu?
Oh! Imensidade de teu amor paterno! Tudo que é teu é meu. Aconselhaste-me a rezar com sinceridade. Então confio em ti, Pai, plenitude de bondade.

2. *"Tudo é graça." "O vosso Pai sabe de que coisas precisais" (Mt 6,8).*
Pai, firmemente creio: ordenas todas as coisas para o nosso maior bem, sempre. Não cesses de guiar a minha vida. Acompanha cada um de meus passos. Que coisa poderei temer? Prostrado, adoro a tua santa vontade. Entrego-me totalmente a tuas mãos, é por teu intermédio que tudo acontece. Eu que sou teu filho, creio que tudo é graça.

3. *"Tudo posso naquele que me dá força" (Fl 4,13). "Em louvor de sua glória" (Ef 1,6).*

Pai, firmemente creio: nada ultrapassa o poder de tua Providência. O teu amor é infinito, e eu quero aceitar tudo de coração feliz. Eternos o louvor e o reconhecimento. Unidos à Virgem Maria, associando suas vozes aos de todas as nações, São José e os anjos cantam a glória de Deus pelos séculos dos séculos. Amém.

4. *"Fazei tudo para a glória de Deus" (1Cor 10,31). "Seja feita a tua vontade" (Mt 6,10).*

Pai, firmemente e sem hesitação creio que tu ages e operas em mim. Sou objeto de teu amor e de tua ternura. Tudo que posso dar-te, realiza-o com ainda mais louvor em mim! Só procuro a tua glória, esta basta para minha satisfação e minha felicidade. Esta é a minha aspiração maior, o desejo urgente da alma.

5. *"Tudo para a missão! Tudo para a Igreja!"*

Pai, firmemente creio: entreguei-me a uma missão, marcada toda por teu amor. Prepara-me o caminho. Não cesso de purificar-me e de me ancorar na resolução.

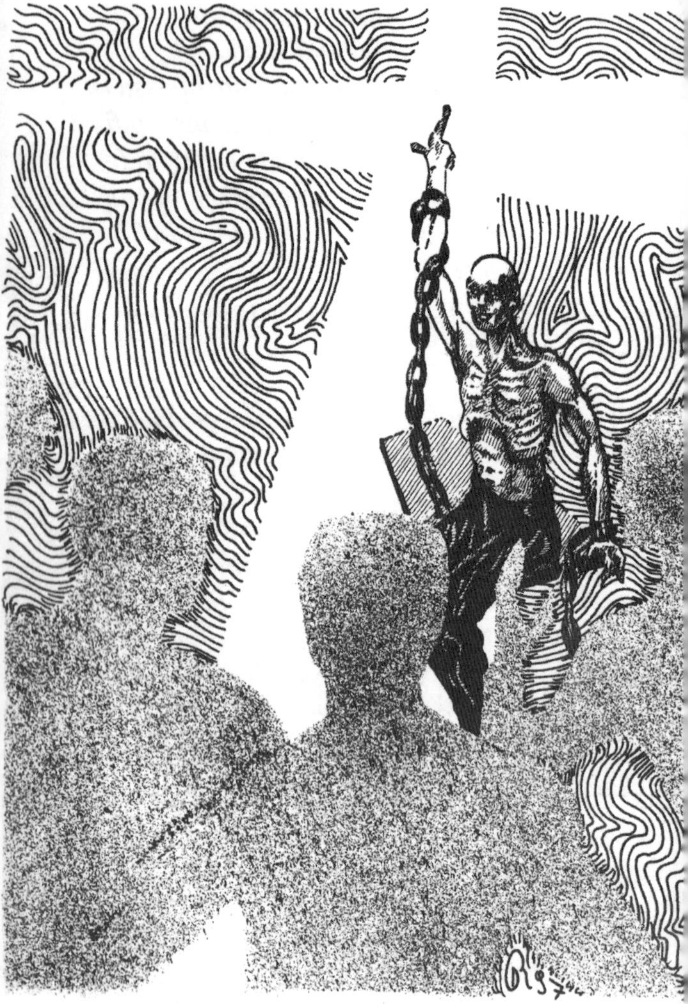

Sim, estou decidido: tornar-me-ei uma silenciosa oferta, servirei de instrumento nas mãos do Pai. Consumarei o meu sacrifício, instante a instante, por amor à Igreja: "Eis-me aqui, estou pronto!".

6. *"Desejei ardentemente comer esta páscoa convosco" (Lc 22,15). "Tudo está consumado" (Jo 19,30).*
Pai amantíssimo! Unido ao santo Sacrifício que continuo a oferecer, ajoelho-me neste instante e por ti pronuncio a palavra que sai de meu coração: "Sacrifício".
Um sacrifício que aceita a humilhação como a glória, um sacrifício gozoso, um sacrifício integral... Canta a minha esperança e todo o meu amor.

Prisão de Phú Khánh (Vietnã central),
1º de setembro de 1976,
Festa dos santos Mártires vietnamitas.

6

Primeiro peixe: Maria Imaculada, meu primeiro amor

> "A Maria confio... as esperanças e as expectativas dos jovens que, em todos os cantos do planeta, repetem com ela: 'Eis aqui a serva do Senhor. Fazei em mim conforme a vossa palavra' (Lc 1,38)... prontos a anunciar depois a seus coetâneos, como os apóstolos: 'Encontramos o Messias'" (Jo 1,41). (João Paulo II, *Mensagem para a XII Jornada Mundial da Juventude*, 1997, n. 10)

"Maria Imaculada, meu primeiro amor"; esse pensamento é de João Maria Vianney, o Cura d'Ars. Li-o em um livro de François Trochu, quando estava no Seminário Menor.

Minha mãe instilou em meu coração esse amor a Maria desde quando era criança. Minha avó, todas as noites, depois das orações em família, reza ainda um rosário. Pergunto-lhe a razão: "Rezo um rosário pedindo a

Maria pelos sacerdotes". Esta não sabe nem ler nem escrever. Mas são essas mães, essas avós, que formaram a vocação em nossos corações.

Maria tem uma função especial em minha vida. Fui preso a 15 de agosto de 1975, festa da Assunção de Maria. Parti no carro da polícia, de mãos vazias, sem uma moeda no bolso, só com o rosário, e estava em paz. Naquela noite, na longa estrada de 450 quilômetros, rezei mais vezes o *Lembrai-vos*.

Poderiam perguntar-me como Maria me ajudou a superar tão grandes provas em minha vida. Vou contar-lhes alguns episódios que permanecem ainda muito vivos em minha memória.

Quando já sacerdote estudava em Roma, uma vez, em setembro de 1957, fui à gruta de Lourdes para rezar a Nossa Senhora. A palavra dirigida a Santa Bernadete pela Imaculada me pareceu destinada também a mim: "Bernadete, não te prometo alegrias e consolações nesta terra, mas provações e sofrimentos". Não sem medo aceitei essa mensagem. Depois de conseguir a licenciatura, voltei para o Vietnã como professor, depois reitor do seminário, vigário-geral, e bispo de Nhatrang em 1967. Poderíamos dizer que o meu ministério pastoral foi coroado de sucesso, graças a Deus.

Voltei a rezar mais vezes na gruta de Lourdes. Refletia frequentemente: "Talvez as palavras dirigidas a Bernadete não sejam para mim! Não são insuportáveis as minhas cruzes cotidianas! Em todo caso, estou pronto a fazer a vontade de Deus".

Veio o ano de 1975, a detenção, a prisão, o isolamento, mais de 13 anos no cativeiro. Agora entendo que Nossa Senhora quis preparar-me desde 1957! "Não te prometo alegrias e consolações nesta terra, mas provações e sofrimentos." Todos os dias compreendo mais intimamente o sentido profundo dessa mensagem, e me abandono com confiança nas mãos de Maria.

Quando as misérias físicas e morais, no cárcere, tornam-se muito pesadas e me impedem de rezar, digo então a *Ave-Maria*, repito centena de vezes a *Ave-Maria*. Ofereço tudo pelas mãos da Imaculada, pedindo-lhe distribuir graças a todos que precisam na Igreja. Tudo com Maria, por Maria e em Maria.

Não somente rezo a Maria, pedindo-lhe a intercessão, mas frequentemente lhe rogo: "Mãe, que posso fazer por ti? Estou pronto a cumprir tuas ordens, a realizar tua vontade para o reino de Jesus". Então uma paz imensa invade o meu coração, não tenho mais medo.

Quando rezo a Maria, não posso mais esquecer São José, seu esposo: é um desejo de Maria e de Jesus, que se tenha um grande amor a São José, com títulos especialíssimos.

Maria Imaculada não me abandonou. Tem-me acompanhado ao longo de toda a marcha nas trevas do cárcere. Naqueles dias de provações indizíveis, rezei a Maria com toda simplicidade e confiança: "Mãe, se tu vês que não poderei mais ser útil à Igreja, concede-me a graça de terminar a minha vida na prisão. Mas se tu, ao invés, sabes que poderei ainda ser útil a tua Igreja, concede-me sair da prisão no dia de uma tua festa!"

Num dia de chuva, ouço tilintar o telefone do guarda. "Talvez um telefonema para mim! É verdade, hoje é 21 de novembro, festa da Apresentação de Maria no Templo!"

Cinco minutos depois, chega o meu guarda:

— Senhor Thuan, já comeu?
— Não, estou ainda preparando a comida.
— Depois de comer, vista-se bem e vá ver o chefe.

— Quem é o chefe?

— Não sei, mas disseram para avisá-lo. Boa sorte!

Um automóvel me levou a um palácio, onde encontrei o Ministro do Interior, isto é, da Polícia. Depois das saudações de cortesia, me perguntou:

— Você tem um desejo a expressar?

— Sim, quero a liberdade.

— Quando?

— Hoje.

Ficou muito surpreso. Explico:

— Excelência, estou na prisão há bastante tempo; sob três pontificados, de Paulo VI, de João Paulo I e de João Paulo II. E além disso, sob quatro secretários-gerais do Partido Comunista soviético: Brejnev, Andropov, Chernenko e Gorbachev!

Ele começou a rir e fez sinal com a cabeça:

— É verdade, é verdade!

E voltando-se para o seu secretário, disse:

— Faça o necessário para atender ao seu desejo.

Habitualmente os chefes precisam de tempo para despachar as formalidades. Mas naquele momento pensei: "Hoje é a festa de Nossa Senhora da Apresentação. Maria me liberta. Obrigado, Maria".

O momento em que me sinto mais filho de Maria é na santa missa, quando pronuncio as palavras da consagração. Sou identificado com Cristo, *in persona Christi*.

Perguntam-me quem é Maria, para mim, na radical escolha de Jesus? Na cruz, Jesus disse a João: "Eis aí a tua mãe!" (Jo 19,27). Depois da instituição da eucaristia o Senhor não podia deixar-nos nada maior do que sua Mãe.

Para mim, Maria é como um evangelho vivo, maneiro, de grande difusão, mais acessível que a vida dos santos.

Para mim, Maria é minha Mãe, a mim dada por Jesus. A primeira reação de uma criança, quando tem medo, está em dificuldade ou sofre, é a de chamar: "mamãe, mamãe!". Essa palavra é tudo para o menino.

Maria vive completamente para Jesus. A sua missão foi compartilhar a sua obra de redenção. Toda sua glória vem dele. Isto é, a minha vida não valerá nada se me separo de Jesus.

Maria não se preocupava só com Jesus. Mostrou também seus cuidados com Isabel, com João e com os noivos de Caná.

Amo muito a palavra de Santa Teresinha do Menino Jesus: "Gostaria muito de ser padre para poder falar sobre Maria a todos".

De primeiro fugia de Maria, Mãe do perpétuo socorro; agora escuto Maria que me diz: "Fazei tudo o que Jesus vos disser" (Jo 2,5) e muitas vezes peço a Maria: "Mãe, que posso fazer por ti?". Permaneço sempre um menino, mas um menino responsável que sabe compartilhar as solicitudes com sua mãe.

A vida de Maria se resume em três palavras: *Ecce, Fiat, Magnificat*.

Ecce: "Eis a escrava do Senhor" (Lc 1,38).

Fiat: "Faça-se em mim segundo a tua palavra" (Lc 1,38).

Magnificat: "Minha alma engrandece o Senhor" (Lc 1,46).

Oração

MARIA, MINHA MÃE

Maria, minha Mãe, Mãe de Jesus, Mãe nossa, por sentir-me unido a Jesus e a todos os homens, meus irmãos, quero chamar-te Mãe nossa. Vem viver em mim, com Jesus, teu amadíssimo Filho, esta mensagem de renovação total, no silêncio e na vigília, na oração e na oferta, na comunhão com a Igreja e com a Trindade, no fervor de teu "Magnificat" unido a José, teu santíssimo esposo, no teu humilde e amoroso trabalho para cumprir o testamento de Jesus, no teu amor por Jesus e por José, pela Igreja e pela humanidade, na tua fé inabalável no meio de tantas provações, suportadas pelo Reino, na tua esperança, que ininterruptamente age em construir um mundo novo de justiça e de paz, de felicidade e de verdadeira ternura, na perfeição de tuas virtudes, no Espírito Santo, para tornar-te testemunha da Boa-Nova, apóstola do evangelho.

Em mim, ó Mãe, continua a operar, a rezar, a amar, a sacrificar-me. Continua a cumprir a vontade do Pai, continua sendo a Mãe da humanidade. Continua vivendo a paixão e a ressurreição de Jesus. Ó Mãe, consagro-me a ti, todo a ti, agora e sempre. Vivendo no teu espírito e no de José, eu viverei no espírito de Jesus, com Jesus, José, com os anjos e santos e todas as almas. Amo-te, ó Mãe nossa, e compartilharei tua fadiga, tua preocupação e teus combates pelo reino do Senhor Jesus. Amém.

No isolamento em Hanói (Vietnã do Norte),
1º de janeiro de 1986,
Solenidade de Santa Maria, Mãe de Deus.

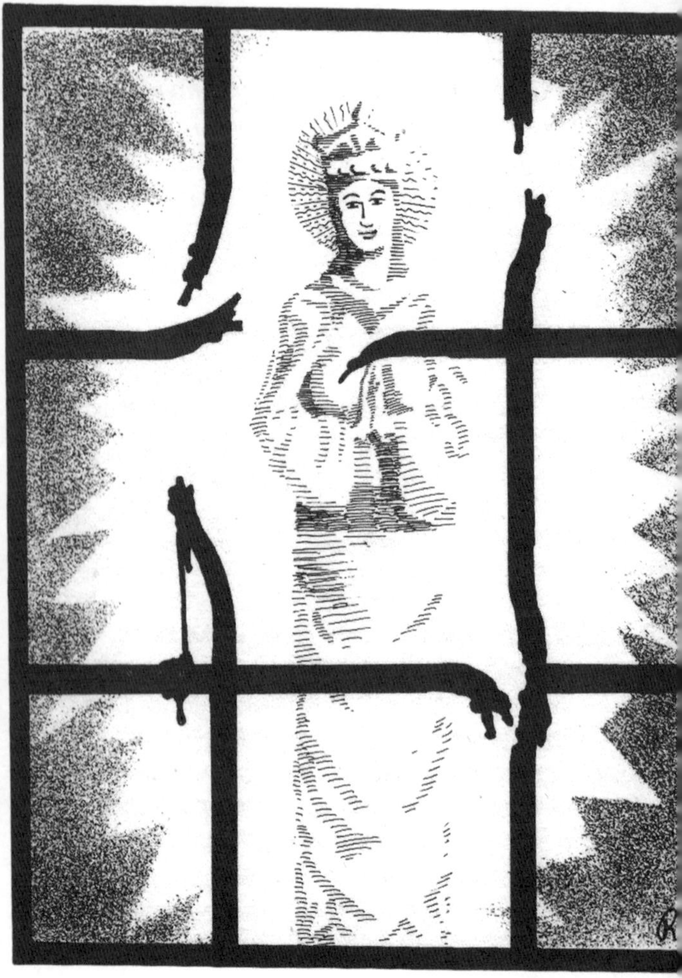

7

Segundo peixe: Escolhi Jesus

> "Uma mensagem que vocês, jovens de hoje, são chamados a acolher e a gritar a seus coetâneos: 'O homem é amado por Deus! O homem é amado por Deus! É este simplicíssimo e perturbador anúncio do qual a Igreja é devedora do homem' (*Christifideles laici*, n. 34)."
> (João Paulo II, *Mensagem para a XII Jornada Mundial da Juventude*, 1997, n. 9)

Falei-lhes de minhas experiências no seguimento de Jesus, para encontrá-lo, viver ao lado dele e em seguida levar sua mensagem a todos.

Vocês me perguntarão: como colocar em prática a união total com Jesus em uma vida ferida por tantas mudanças? Não o esconderei de vocês, mas para clareza escrevo-lhes de novo o meu segredo! (cf. *O Caminho da esperança*, n. 979-1001).

No início de cada parágrafo estão anotados os números de 1 a 24: quero fazê-los compreender às horas do dia. Em cada número, repeti a palavra "um": uma revolução, uma campanha, um slogan, uma força... São coisas muito práticas. Se vivemos 24 horas radicalmente por Jesus, seremos santos. São 24 estrelas que iluminam o seu caminho de esperança.

Não lhes explico esses pensamentos, convido-os a meditá-los serenamente como se fosse Jesus a falar docemente, intimamente a seus corações. Não tenham medo de escutá-lo, de falar com ele. Não hesitem, releiam-no a cada semana. Verão que a graça resplandecerá, transformando a sua vida.

Como conclusão, rezemos a oração "Escolhi Jesus" e não deixem de anotar os 14 passos da vida de Jesus.

1. *Quer realizar uma revolução: renovar o mundo.* Você poderá cumprir essa preciosa e nobre missão, que Deus lhe confiou, só com "o poder do Espírito Santo". Cada dia, ali onde vivi, preparava um novo Pentecostes.

2. *Empenhar-se em uma campanha que tem a finalidade de tornar todos felizes.* Sacrifique-se, continuamente, com Jesus, para levar a paz às almas, desenvolvimento e prosperidade aos povos. Tal será a sua

espiritualidade, discreta e concreta ao mesmo tempo.

3. *Permaneça fiel ao ideal do apóstolo*: "Dar a vida pelos irmãos". Sem dúvida, "ninguém tem maior amor do que este" (Jo 15,13). Gaste, sem susto, todas as suas energias e esteja pronto a dar-se a si mesmo para conquistar o seu próximo para Deus.

4. *Grite um único slogan*: "Todos um", isto é, unidade entre os católicos, unidade entre os cristãos e unidade entre nações. "Como Pai e o Filho são um" (cf. Jo 17,22-23).

5. *Creia em uma só força: a eucaristia*, o corpo e sangue do Senhor que lhe dará a vida: "Vim para que tenham a vida e a tenham em abundância" (Jo 10,10). Como o maná alimentou os israelitas em sua viagem para a terra prometida, assim a eucaristia o nutrirá no seu caminho da esperança (cf. Jo 6,50).

6. *Vista uma só camisa e fale uma só linguagem: a caridade*. A caridade é o sinal que você é um discípulo do Senhor (cf. Jo 13,35). É o distintivo menos custoso, mas é mais difícil de se encontrar. A caridade é a "língua" principal. São Paulo a julgava muito mais

preciosa do que "falar a língua dos homens e dos anjos" (1Cor 13,1). Será a única língua que sobreviverá no céu.

7. *Atente firmemente a um único princípio diretor: a oração*. Ninguém é mais forte que a pessoa que reza porque o Senhor prometeu conceder tudo àqueles que rezam. Quando estão unidos na oração, o Senhor está presente entre vocês (cf. Mt 18,20). Aconselho-os de todo o coração: além do tempo da oração "oficial", tirem diariamente uma hora, ou melhor, duas, se podem, para a oração pessoal. Asseguro-lhes que não haverá tempo esbanjado. Na minha experiência, em todos esses anos, vi confirmadas as palavras de Santa Teresa de Ávila: "Quem não reza não precisa que o demônio o lance fora do caminho. Lançar-se-á por si mesmo no inferno".

8. *Observe uma só regra: o evangelho*. Esta constituição é superior a todas as outras. É a regra que Jesus deixou aos apóstolos (cf. Mt 4,23). Não é difícil, complicada ou legalística como as outras. Ao contrário é dinâmica, gentil e estimulante para a sua alma! Um santo distante do evangelho é um santo falso!

9. *Siga lealmente um só chefe: Jesus Cristo e seus representantes*: O Santo Padre, os bispos, sucessores dos apóstolos (cf. Jo 20,22-23). Viver e morrer pela Igreja como fez o Cristo. Não crer que seja só o morrer pela Igreja que exige sacrifício: também o viver pela Igreja o exige muito.

10. *Cultive um amor especial por Maria.* São João Maria Vianney confiava: "Depois de Jesus, meu primeiro amor é por Maria". Se a escutarem, não perderão o caminho. Em qualquer coisa que empreendam em seu nome, não fracassarão. Honrem-na e alcançarão a vida eterna.

11. *A sua única sabedoria será a ciência da cruz* (cf. 1Cor 2,2). Olhe para a cruz e encontrará a solução para todos os problemas que o atormentam. Se a cruz é o critério no qual se baseiam suas escolhas e suas decisões, a sua alma estará em paz.

12. *Conserve um só ideal: estar voltado para Deus Pai*, um Pai que é todo amor. Toda a vida do Senhor, todo o seu pensamento e ação tinham um só objetivo: "Que o mundo saiba que eu amo o Pai e faço o que o Pai me

mandou" (Jo 14,31), e: "Eu faço sempre as coisas que lhe agradam" (Jo 8,29).

13. *Há só um mal que deve temer: o pecado*. Quando a corte do imperador do Oriente se reuniu para discutir a punição a ser infligida a São João Crisóstomo pela franca denúncia dirigida à imperatriz, foram sugeridas as seguintes possibilidades:

a) lançá-lo na prisão; "mas — diziam — ali terá a oportunidade de rezar e de sofrer pelo Senhor, como sempre desejou";

b) exilá-lo; "mas, para ele, não há lugar onde o Senhor não esteja";

c) condená-lo à morte; "mas assim se tornará um mártir e satisfará sua aspiração de ir para o Senhor".

"Nenhuma dessas possibilidades constitui para ele uma pena; ao contrário a aceitará com alegria."

d) há uma só coisa que ele teme muito e que odeia com todo o seu ser: o pecado; "mas seria impossível forçá-lo a cometer um pecado!"

Se temerem o pecado, sua força será incomparável.

14. *Cultive só um desejo*: "Venha o teu reino. Seja feita tua vontade assim na terra como

no céu" (Mt 6,10). Que na terra os povos possam conhecer Deus como é conhecido no céu; que nesta terra cada um comece a amar os outros como no céu; que também na terra esteja a felicidade que está no céu. Esforcem-se por defender esse desejo. Comecem agora a levar a cada um neste mundo a felicidade do céu.

15. *Falta uma só coisa*: "Vai, vende o que tens, e dá-os aos pobres e terás um tesouro no céu; depois vem e segue-me" (Mc 10,21), isto é, deve decidir-se uma vez por todas. O Senhor quer voluntários, livres de qualquer apego.

16. *Para o seu apostolado, use o único método eficaz: o contato pessoal*. Com ele entre na vida dos outros, compreenda-os e os ame. As relações pessoais são mais eficazes que as pregações e os livros. O contato entre as pessoas e o intercâmbio "coração a coração" são o segredo da duração de seu apostolado e do sucesso deste.

17. *Só uma coisa é verdadeiramente importante*: "Maria escolheu a melhor parte", quando se assentou aos pés do Senhor (cf. Lc 10,41-42). Se não há uma vida interior, se

Jesus não é verdadeiramente a alma de sua atividade, então... mas você sabe bem tudo, não é preciso repetir-lhe isso.

18. *O seu único alimento*: "A vontade do Pai" (Jo 4,34); é com ela que deve viver e crescer. As suas ações devem proceder da vontade de Deus. Ela é como um alimento que o fará viver mais forte e feliz. Se vive longe da vontade de Deus, morrerá.

19. *Para você, o momento mais belo é o momento presente* (cf. Mt 6,34; Tg 4,13-15). Viva-o plenamente no amor de Deus. A sua vida será maravilhosamente bela: é como um grande cristal formado de milhões de tais momentos. Viu como é fácil?

20. *Há uma "magna carta": as bem--aventuranças* (Mt 5,3-12), que Jesus pronunciou no sermão da montanha. Viva-a plenamente: experimentará uma felicidade que poderá comunicar depois a todos aqueles que encontrar.

21. *Há um só objetivo importante: o seu dever*. Não importa se é pequeno ou grande, porque você colabora na obra do Pai celeste. Ele estabeleceu que este seja o trabalho que

você deve realizar para cumprir o seu desígnio na história (cf. Lc 2,49; Jo 17,4). Muitas pessoas inventam maneiras complicadas para praticar a virtude e então lamentam as dificuldades que decorrem dela. Mas cumprir o dever que lhe cabe é a forma mais segura e simples de ascese que possa seguir.

22. *Há uma só maneira de se tornar santo: a graça de Deus e a sua vontade* (cf. 1Cor 15,10). Deus não lhe deixará jamais faltar a sua graça: mas a sua vontade é bastante forte?

23. *Uma só recompensa: Deus mesmo.* Quando Deus perguntou a Santo Tomás de Aquino: "Escreveste bem sobre mim, Tomás: que recompensa queres?" Santo Tomás respondeu: "Somente tu, Senhor!"

24. ... *"Tens uma pátria"*

O sino toca, grave, profundo.
O Vietnã reza.
O sino toca ainda, lancinante,
pesado de comoção.
O Vietnã chora.
O sino se ouve de novo,
vibrante, patético.

O Vietnã triunfa.
O sino repica, cristalino.
O Vietnã espera.

Tens uma pátria, o Vietnã.
Um país tão amado,
ao longo dos séculos.
É a tua altivez, a tua alegria.
Ama as suas montanhas e seus rios,
as suas paisagens de brocado
e de cetim
Ama a sua história gloriosa.
Ama o seu povo trabalhador.
Ama os seus heroicos defensores.

Os rios ali correm impetuosos
como corre o sangue de seu povo.
Suas montanhas são altaneiras.
Porém mais altos ainda os ossos
que ali se amontoam.
A terra é estreita,
mas vasta é a tua ambição.
Ó pequeno país muito celebrado!

Ajuda a tua pátria
com toda a alma.
Sê fiel a ela.
Defende com o teu corpo
e com teu sangue.

Constrói com o teu coração
e tua mente.
Partilhe da alegria
de teus irmãos
e da tristeza de teu povo.

Um Vietnã.
Um povo.
Uma alma.
Uma cultura.
Uma tradição.

Católico vietnamita,
ama mil vezes a tua pátria!
O Senhor te ensina,
a Igreja te pede,
possa o amor de teu país
ser todo um com o sangue
que corre em tuas veias.

Oração

"ESCOLHI JESUS"

*Senhor Jesus,
no caminho da esperança,
desde dois mil anos,
o teu amor, como uma onda,
envolveu tantos peregrinos.
Eles te amaram com amor palpitante,
com os seus pensamentos,
suas palavras, suas ações,
amaram-te com um coração
mais forte que a tentação,
mais forte que o sofrimento
e mesmo a morte.
Foram neste mundo a tua palavra.
Suas vidas foram uma revolução
que renovou o rosto da Igreja.*

*Contemplando, desde minha infância,
esses fúlgidos modelos,
concebi um sonho:
ofereci-te minha vida inteira,
a minha única vida
que estou vivendo,
por um ideal eterno e inalterável.*

Decidi!
Se cumpro a tua vontade,
tu realizarás esse ideal
e eu me lancei nesta
maravilhosa aventura.

Eu te escolhi,
e não hei de chorar de saudades.
Sinto que tu me dizes:
"Permanece em mim.
Permanece em meu amor!"
Mas como posso permanecer em outro?
Somente o amor pode realizar
esse mistério extraordinário.
Compreendo que tu queres
toda a minha vida.
"Tudo! E por teu amor!"

Na trilha da esperança
sigo todos os teus passos.
Teus passos errantes
ao estábulo de Belém.
Teus passos inquietos
na estrada do Egito.
Teus passos velozes
para a casa de Nazaré.
Teus passos alegres ao sair
com os pais para o Templo.

*Teus passos cansados
nos trinta anos de trabalho.
Teus passos solícitos nos três anos
de anúncio da Boa-Nova.
Teus passos ansiosos à procura
da ovelha perdida.
Teus passos dolorosos
ao entrar em Jerusalém.
Teus passos solitários
diante do pretório.
Teus passos pesados sob a cruz
no caminho do Calvário.
Teus passos falidos;
morto e sepultado
em um túmulo não teu.
Espoliado de tudo,
sem roupa, sem um amigo.
Abandonado até pelo teu Pai,
mas sempre a teu Pai submisso.
Senhor Jesus,
de joelhos,
a ti e por tua presença
no tabernáculo,
eu compreendo:
não poderei escolher outra estrada,
uma outra estrada mais feliz,
mesmo se na aparência,
não são das mais gloriosas.*

*Mas tu, amigo eterno,
único amigo de minha vida
não estás aí presente.
Em ti todo o céu com a Trindade,
o mundo inteiro
e a humanidade inteira.
Os teus sofrimentos são os meus.
Meus todos os sofrimentos dos homens.
Minhas todas as coisas
nas quais não há paz nem alegria,
nem beleza, nem comodidade,
nem amabilidade.
Minhas todas as tristezas,
as desilusões, as divisões,
o abandono, as desgraças.
A mim isso que é teu,
porque tu tens tudo,
isso que está nos meus irmãos
porque tu estás neles.
Creio firmemente em ti,
porque tu deste passos triunfantes.
"Sê corajoso. Eu venci o mundo."
Tu me disseste:
caminha com passos de gigante.
Vai por toda parte do mundo,
proclama a Boa-Nova,
enxuga as lágrimas de dor,
revigora os corações desencorajados,*

*reúne os corações divididos,
abraça o mundo
com o ardor de teu amor,
consome o que deve ser destruído,
deixa só a verdade,
a justiça, o amor.*

*Meu Senhor, eu conheço
a minha fraqueza!
Liberta-me do egoísmo,
de minhas seguranças,
a fim de que eu não tenha medo
do sofrimento que estraçalha.
Quanto sou indigno de ser apóstolo.
Torna-me forte contra as dificuldades.
Faze que não me preocupe
com a sabedoria do mundo.
Aceito ser tratado como doido,
por Jesus, Maria, José...
Quero submeter-me à prova,
pronto para cada consequência,
despreocupado com as consequências,
porque tu me ensinaste
a enfrentar todas as coisas.
Se me ordenas a dirigir
os meus passos corajosos
em direção à cruz,
eu me deixo crucificar.*

*Se me ordenas entrar no silêncio
de teu templo até o fim dos tempos,
me envolverei nos passos da aventura.
Perdi tudo:
mas tu me restarás.
O teu amor estará lá
a inundar o meu coração
de amor a todos.
A minha felicidade será total...
É por isso que repito:
Escolhi-te.
Só quero a ti
e a tua glória.*

> Na residência obrigatória
> de Giang-xá (Vietnã do Norte),
> 19 de março de 1980,
> Solenidade de São José.

Índice

Prefácio 5

1. Primeiro pão:
   Viver o momento presente 11
   Oração: *Na prisão, por Cristo* 17

2. Segundo pão:
   Discernir entre Deus e as obras de Deus 21
   Oração: *Deus e a sua obra* 28

3. Terceiro pão:
   Um ponto firme, a oração 33
   Oração: *Breves orações evangélicas* 39

4. Quarto pão:
   Minha única força, a eucaristia 43
   Oração: *Presente e passado* 49

5. Quinto pão:
   Amar até a unidade o testamento de Jesus 53
   Oração: *Consagração* 62

6. Primeiro peixe:
   Maria Imaculada, meu primeiro amor 67
   Oração: *Maria, minha Mãe* 74

7. Segundo peixe:
   Escolhi Jesus 77
   Oração: *"Escolhi Jesus"* 88

Este livro foi composto com as famílias tipográficas Tiepolo e Times Roman
e impresso em papel Offset 75g/m² pela **Gráfica Santuário.**